Andrea und Günter Reindl

PANORAMA

Australien

Im Wendekreis des Steinbocks – ein Jahr Auszeit

Impressum:

Andrea und Günter Reindl

PANORAMA AUSTRALIEN

erschienen im
Reise Know-How Verlag

ISBN-10: 3-89662-390-7
ISBN-13: 978-3-89662-390-4

Untere Mühle, D-71706 Markgröningen
1. Auflage 2007

– Printed in Germany –

Gestaltung und Herstellung
Umschlag: Carsten C. Blind, Asperg
Inhalt: Carsten C. Blind, Asperg
Druck: Wilhelm & Adam, Heusenstamm
Text: Andrea Reindl
Fotos: Alle Fotos von Günter Reindl, außer:
Wilhelm Banzhaf: S. 88 (Luftaufnahme)
Veronika Pavel: S. 17, 97
Titel: Flinders Ranges, South Austr. Tourist Com.

Dieses Buch ist erhältlich in jeder Buchhandlung in
Deutschland, Österreich, Schweiz, Niederlande und Belgien.
Bitte informieren Sie Ihren Buchhändler über
folgende Bezugsadressen:
D: PROLIT GmbH, Postfach 9, 35461 Fernwald
(sowie alle Barsortimente)
CH: AVA-buch 2000, Postfach 27, 8910 Affoltern
A: Mohr Morawa Buchvertrieb GmbH, Postfach 260, 1011 Wien
Niederlande, Belgien: Willems Adventure, Postbus 403,
NL-3140 AK Maassluis

Wer im Buchhandel trotzdem kein Glück hat, bekommt
unsere Bücher auch über unsere Büchershops im Internet:

www.reise-know-how.de

Prolog

Der Traum von der „großen australischen Schleife" entstand bereits beim ersten, richtungweisenden Besuch der kleinen Tochterinsel Australiens, Tasmanien. Die so oft zitierte Verkettung glücklicher Umstände ließ auch in unserem Fall diesen Traum zehn Jahre später Wirklichkeit werden.

Ursprünglich wollten wir, geprägt von mittlerweile fünf, teilweise längeren Aufenthalten an der Südost- und Südwestküste, dauerhaft eine neue, südlichere Existenz aufbauen. Die Voraussetzungen waren auch günstig, doch am Ende schafften wir es nicht, unsere Wurzeln zu kappen.

Da man nicht oft die Chance bekommt, sich für ein ganzes Jahr vom Alltag zu befreien und „nur" zu reisen, nutzten wir die Gunst der Stunde und starteten nach intensiver Vorbereitung im März 2002 von Sydney in das Jahr des australischen Outbacks …

Ist es ein Traum,
kann nicht wirklich sein,
dass wir zwei beieinander sein

Hugo von Hofmannsthal

Kleine Routen-Statistik:

Gefahrene Kilometer: ca. 45.000
Reifenverschleiß: nur 2 (Gott sei Dank!)
Verbrauchter Spiritus zum Kochen (Liter): 25
Zeltaufbauten: 74
Filmverbrauch: 450
Icepacks für Kühltasche: 30
Besuchte Nationalparks, Naturreservate: 61
Besuchte World Heritage Areas: 11

Darling Harbour,
Sydney

Von allem etwas:

New South Wales

The First State

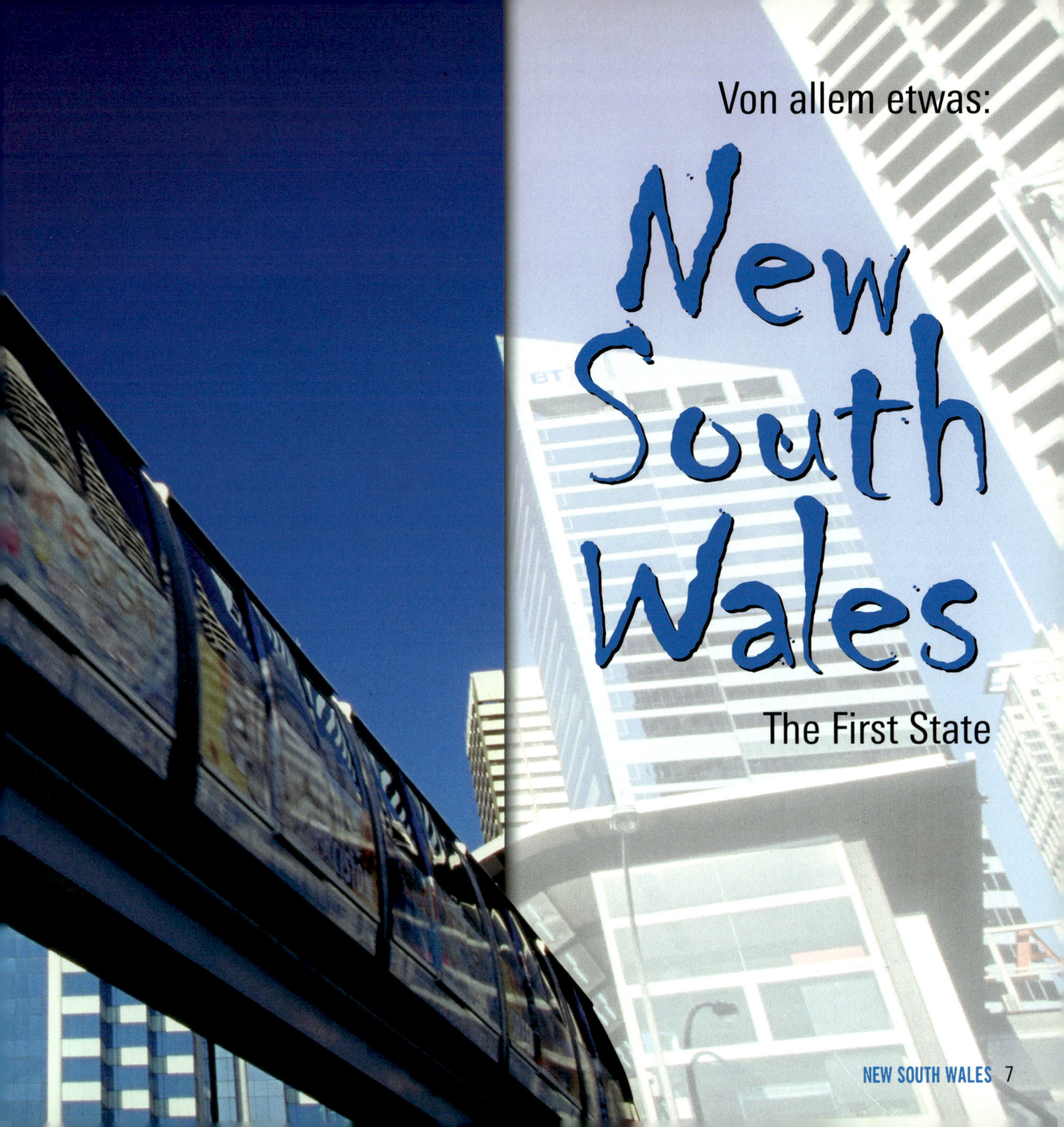

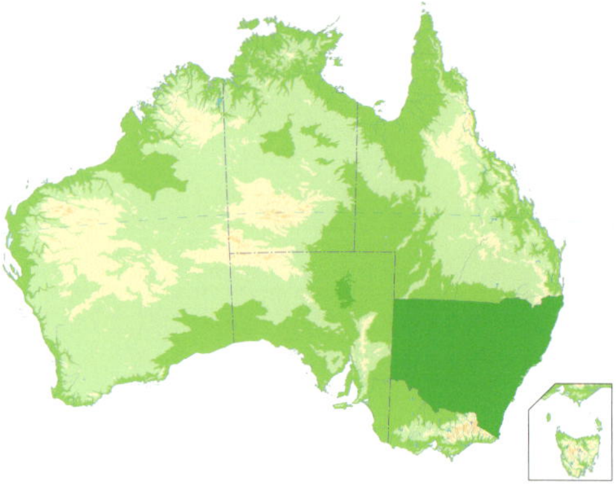

Mit der Landung von James Cook in der Botany Bay in Sydney am 28. April 1770 begann der europäische Teil der Geschichte Australiens. Mit 6,6 Mio. Einwohnern, verteilt auf 802.000 qkm Land, stellt New South Wales den am dichtest besiedelten Bundesstaat dieses Kontinents dar. War vor Jahren das Northern Territory und der gesamte Norden Australiens noch führend in der Bevölkerungsstatistik der Ureinwohner, so ist NSW mit etwa 29% von insgesamt 460.000 Ureinwohnern an diese Stelle getreten. NSW trägt durch seine Landwirtschaft, Elektro-, Chemie und Metallindustrie sowie durch die Ausbeutung von Kohle-, Blei- und Zinkminen bedeutend zum australischen Bruttosozialprodukt bei.

Doch trotz der relativ dichten Besiedlung, die keinesfalls mit mitteleuropäischen Verhältnissen zu vergleichen ist, gibt es in diesem Staat von allem etwas: Gebirge wie die Snowy Mountains, lange idyllische Küstenstreifen und unzählige Nationalparks, die durch üppige Vegetation und Artenreichtum in gemäßigtem Klima bestechen.

Darling Harbour,
Sydney

NEW SOUTH WALES

Crowdy Bay National Park

Mittwoch, 20. März, Kylies Beach CP

„Eselsgeschrei" weckt uns gegen 6.30 Uhr. Stellt sich als Gesang des *koel* (Kuckuck) heraus, untermalt vom Flöten der *magpies* (Drosselstelzen). Wir steigen aus dem Zelt, um den Sonnenaufgang an Kylies Beach zu erleben. Werden von grasenden Riesenkänguruhs beäugt, als wir mit voller Fotoausrüstung zum fünf Minuten entfernten Strand spazieren. Die Wolken verfärben sich rosa und es ist sofort warm, als sich der erste, orangefarbene Halbkreis am Horizont erblicken lässt. Ein einsamer Fischer, Meeresrauschen, Farbenspektakel … herrlich, den Tag so zu beginnen …

Dorrigo National Park

(World Heritage Area)

Donnerstag, 21. März

Auf dem nebelverhangenen Weg von Cathedral Rock nach Dorrigo machen wir im gemütlichen Rainforest Cafe Rast, essen *scones, creme, jam and coffee* (warme, süße Hefeteigbrötchen mit Sahne, Marmelade, dazu Kaffee) und laufen sieben Kilometer auf dem Wonga Walk durch den Regenwald. Beobachten sehr viele Vögel. Abends übernachten wir dann in der Gracemere Grange bei Helen Proud und ihrer Katze Asamtha. Helen, die Präsidentin der örtlichen Tourist Commission und wöchentliche Berichterstatterin im Local Radio von Dorrigo, ist sehr gastfreundlich und außerdem weitgereist. Beim Frühstück am nächsten Morgen unterhalten wir uns über China, Nepal, Bhutan, Afrika und die Zukunft Australiens, von der sie meint, dass sie nicht so rosig sei, da Australien so langsam aber sicher austrockne. Noch beim Gehen schnappt sich Helen ein Mikrofon und verwandelt ihre Küche zur Radiostation. Sie informiert die Einwohner über die Schäden, die der nächtliche Sturm hinterlassen hat.

Mittagspause an den Tristania Falls

Östliche Rote
Riesenkänguruhs

Welcome to
QUEENSLAND
The Sunshine State
Beautiful one day -
Perfect the next!
Queensland
A WAGON RIDE
THE GEORGINA RIVER
-CAMPOVEN MEALS-
-CAMPFIRE POET-

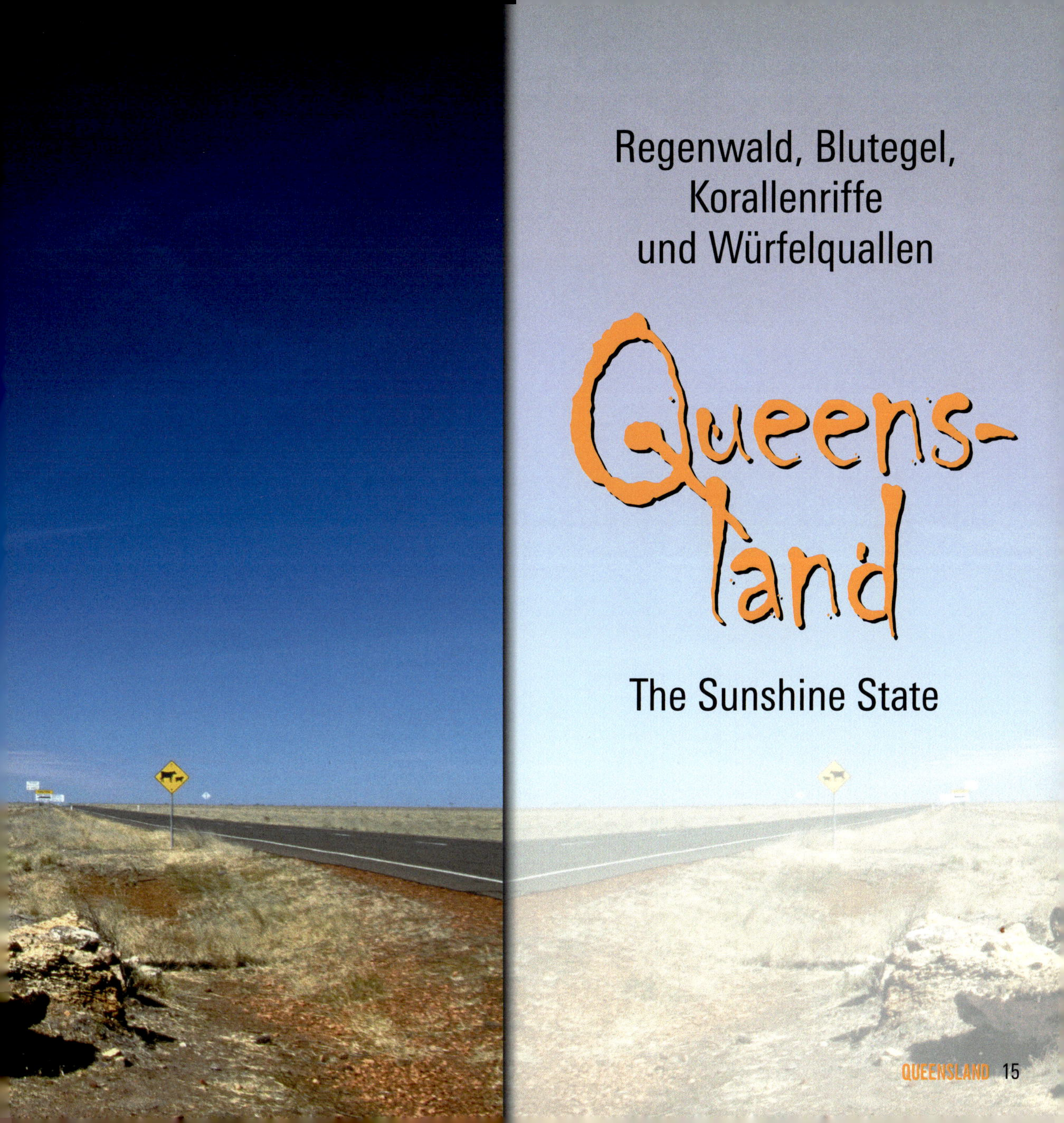

Regenwald, Blutegel, Korallenriffe und Würfelquallen

Queensland

The Sunshine State

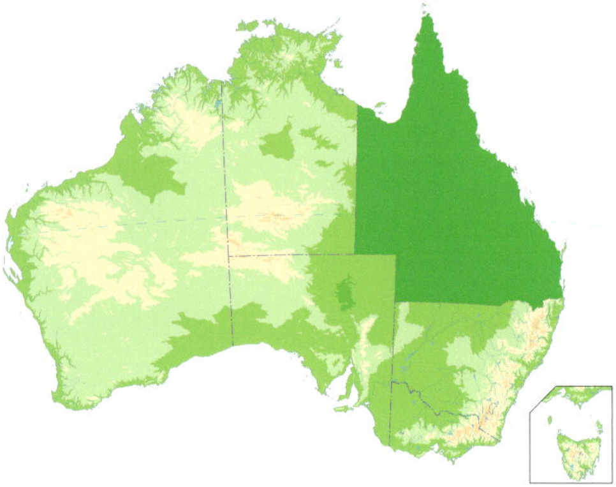

Queensland erlebt seit Ende der achtziger Jahre ein zunehmendes Bevölkerungswachstum. In dem 1,73 Mio. qkm großen Bundesstaat, dem zweitgrößten Australiens, leben heute, vor allem entlang der Küste zwischen der Hauptstadt Brisbane und Cairns, rund 3,7 Mio. Menschen. 54% des Gebietes liegen in den feuchtheißen Tropen mit wilden und ursprünglichen Regenwäldern, während sich der Rest auf das Binnenland mit dem wüstenartigen Outback erstreckt. Die bedeutendsten Industrien sind Abbau von Bauxit, Kupfer, Zink und Phosphat, in der Landwirtschaft überwiegen Rinderzucht und Anbau von Zuckerrohr. Entlang des 2000 Kilometer langen *Great Barrier Reefs* mit seinen unzähligen Inseln und traumhaften Stränden ist der Tourismus Haupteinnahmequelle. Queensland ist im wahrsten Sinne des Wortes ein „Sonnschein-Staat", in dem die meiste Zeit des Jahres die Sonne von einem blauen Himmel lacht, die Bevölkerung mehr draußen als drinnen lebt und die Fauna und Flora bunt, wild und schrill anmutet.

Brisbane

Lamington National Park

Freitag, 22. März, O'Reillys CP

Draußen stürmt und regnet es. Liege in meinem warmen „Let's move"-Schlafsack, heilfroh, endlich hier zu sein: O'Reillys im Lamington NP. „Beste Reisezeit Mai bis Oktober, da im Winter am wenigsten Regen fällt", doch dieser Reiseempfehlung können wir nicht nachkommen, immerhin stehen Kakadu-Nationalpark und der Norden zur gleichen Zeit auf dem Programm. Hatten gestern einen für den Dorrigo NP außergewöhnlich guten Tag, den wir mit einer sehr schönen Wanderung zu den Casuarina Falls genutzt haben.

Samstag, 23. März, O'Reillys CP

Sind um 7 Uhr aus den Schlafsäcken. Kalt, aber vielversprechend. Machen in sieben Stunden den 13,9 Kilometer langen Canungra Track. Unzählige Flussüberquerungen. Manchmal haben wir Schwierigkeiten, eine passende Passage zu finden ohne den Weg zu verlieren. Ein Traumtag im dichten Regenwald, voller Vogelgezwitscher. An den Elabana Falls setze ich mich auf einen im Fluss liegenden Baumstamm, als sich ein richtig langer ekeliger Blutegel mit einer Megageschwindigkeit vor meinen Augen auf Brusthöhe durch mein T-Shirt schlängelt und mich augenblicklich in Panik versetzt. Schreiend stehe ich auf und reiße an meinem T-Shirt, presche stolpernd ans Ufer und entkleide mich völlig. Nichts zu entdecken. An meinen

Eeriginbooa Falls,
Toolona Creek Circuit.
Kleines Foto:
Blauer Flußkrebs

Boots schlängeln sich Egel. Überall sind diese Dinger, zu Dutzenden. Alles wieder anziehen und die Egel vom Rucksack entfernen. Von nun an bleibe ich an jedem Wasserfall kurz stehen und untersuche immer wieder Socken und Stiefel. Später am Zeltplatz heiß duschen, danach eine Nudelpfanne mit Gemüse in plum & soja sauce. Es fängt wieder zu nieseln an. Ein schaurig schöner Tag.

Montag, 25. März

7.30 Uhr Aufstehen und auf den 17,6 Kilometer langen Toolona Walk. Im Wald ist es sehr nass und etwas düster. Unheimlich! Sehen den blauen Lamington Flusskrebs, der sofort bei unserem Auftauchen die Scheren hebt. Die Blutegel scheinen heute noch aggressiver. Von unten und von oben lassen sie sich beim Stehenbleiben fallen. Sie machen mich so verrückt, dass ich die knapp 18 Kilometer ohne Pause – gegessen wird im Laufen, Pinkeln ein ängstliches Unterfangen – in fünf Stunden hinter mich bringe. Laut Führer sind sieben Stunden geplant. Als sich der Weg der Grenze zwischen QLD/NSW nähert und ich den 1169 m hohen Bithongabel erreiche, erscheint der Nebel im Wald, und die bis zu 200 Jahre alten, mit grünen dünnen Blättern bewachsenen Südbuchen sehen sehr mystisch aus. Lasse Günter ein Vesper am Wegweiser hängen und mache, dass ich aus diesem Märchenwald herauskomme. Zurück am CP kann ich es nicht fassen, nochmals ohne Blutegel davongekommen zu sein. Abends gibt es Kaiserschmarrn mit Obst.

Eungella National Park

**Montag, 1. April,
Malbourough Motel bis Fern Flat CP**

Sehr frühe Abfahrt von Malbourough und Stop in Mackay, der Zuckerrohr-Hauptstadt. Fahren an unzähligen Plantagen vorbei. Hier sind die Pflanzen erst einen Meter hoch, später Richtung Norden werden sie immer mächtiger. Zur Erntezeit werden die meisten der leicht zugänglichen Felder einfach abgebrannt, um die Schlangen zu vertreiben und die Ernte zu erleichtern. Der Bruce Highway ist dann schwarz von Rauch. Die Landschaft ist unendlich, so scheint es mir: wenig Verkehr und schnurgerade Straßen. Irgendwann windet sich die Straße mit 12% auf die Range hoch, *platypus country.* Wir schlagen unser Zelt am gut besuchten, friedvoll gelegenen Fern Flat Campground auf und teilen uns einen großen Platz unter Bäumen mit zwei Mädels aus Ibiza. Am Abend laufen wir an den Fluss, der direkt hinter unserem Zeltplatz vorbeifließt und haben auch schon Glück, auf das viele Australienbesucher lange und oft vergeblich warten: ein Schnabeltier im Broken River. Klein zwar, aber dafür im Doppelpack. Das Wetter ist kühl, angenehm für mich, da ich diese Frische der schwülen Hitze der tropischen Küste vorziehe. Nachts schlafe ich elf Stunden, so ausgepowert bin ich vom „Bei-Fahren". Reisen ist eben doch anstrengend.

Dienstag, 2. April, Fern Flat CP

Morgens höre ich die *kookaburras* in weiter Ferne gackern, dabei sind sie sehr nah, nur ich bin noch in meinen Träumen. Normalerweise wache ich jetzt gegen halb sechs auf, aber heute ist es sieben. Günter macht Feuer mit Zedernholz. Wir rösten Toast auf dem Feuer und Kaffee vom plunger. Derzeit füllen wir unseren *esky* (Kühltaschenmodell) alle ein bis zwei Tage mit Eis, wenn möglich, da es schön ist, gekühlte Butter und ab und zu ein halbwegs kaltes *Victorian Bitter* zu haben. Haben einen relaxten Tag. Abends machen die Kakadus ein Riesengeschrei. Balgen sich, spielen miteinander. Kookuburras lachen um die Wette. Frösche hüpfen auf dem Zeltplatz herum, und am späten Abend, als alles schon dunkel ist, schleichen Fuchskusus auf dem Zeltplatz umher. Natur pur!

Donnerstag, 4. April

Heute wollen wir einen ruhigen Tag haben und sitzen ab 13.00 Uhr am Fluss. Nach etwa 20 Minuten macht es direkt vor mir „plop", und ein Platypus taucht auf. Ich schaue hin und denke: „Ein Platypus, ich kann es nicht fassen, mitten am Tag!" Der Fluss fließt friedlich dahin, ein Eisvogel gleitet direkt über die Wasseroberfläche, ein Kormoran, diverse Enten, eine grüngelbe, bleistiftdünne Baumschlange

Schnabeltier

schlängelt sich vom Baum auf den Boden. Weiß nach Befragen des Rangers, dass diese harmlos sind. Der Nachmittag ist erfüllt mit Beobachten. Plötzlich sind es dann wieder zwei Schnabeltiere, die immer länger an der Wasseroberfläche bleiben. Aufregend! Einmal kommt eins direkt am Ufer hoch, dann muss es uns bemerkt haben, und obwohl diese Tiere schlecht sehen sollen, haben wir den Eindruck, es schaut uns direkt an. Ein ergreifender Nachmittag. Wir lernen dabei die sehr nette Familie Ballment (Vince, Sue, Breanna, Troy und Jordan) aus Townsville kennen, die mit uns diese Momente teilt. Sue fasst es abends beim Lagerfeuer in einem Satz zusammen: *„I felt so special"*, und das tun wir alle.

Sonntag, 7. April

Endlich hat es aufgehört zu regnen. Wir waren die letzten Tage mehrmals bei den Ballments zum Essen eingeladen. Es gab *piklets*, Minipfannenkuchen, damper, süßes Hefebrot im Gusstopf in der heißen Feuerkohle gebacken und andere Leckereien. Morgen fängt die Schule wieder an, so dass die Familien alle wieder abreisen. Wir verabschieden uns von Vince, *„trouble & strife"* (Ehefrau) und den *„tin-lids"* (Kinder) und werden nach Townsville eingeladen.

Noah's Beach,
Cape Tribulation

Daintree National Park – Cape Tribulation Sektion

Freitag, 26. April, Noah's Head CP

Fahrt von der Mossman Gorge nach Cape Trib. Über den Daintree River *(Crocodile country)*. Tolle Gegend: wild, ursprünglich, saftig grün, aber auch schwülwarm. Wir ergattern den letzten Campingplatz auf dem staatlichen CP mitten im Wald, der bis ans Meer reicht. Nur hier, bis zur nördlichsten Spitze von Queensland, gibt es den seltenen Helmkassuar, der bis zu zwei Meter groß wird und dessen Klauen sehr gefährlich werden können. Es gibt viele *sandflies* und jede Menge *mozzies*, die eine Vorliebe für mich haben. Die Nacht ist brutal schwül und die vielen Schnakenstiche lassen mich kaum schlafen.

Montag, 29. April, Aufbruch nach Cooktown

Unsere erste, ernstzunehmende 4WD-Erfahrung! Ganz schön aufregend! Der Bloomfield Track ist gänzlich unbefestigt und mit großen Steinen gespickt oder Löchern unterbrochen. Eigentlich sieht er eher aus wie ein Wanderpfad in den Alpen. Zweimal hat man die extremen Steigungen betoniert, da man sonst den Berg nicht hochkommen würde. Für 110 Kilometer brauchen wir dreieinhalb Stunden. Fahren an einer grandiosen Küste entlang und haben teilweise eine tolle Aussicht. Begegnen nur sehr wenigen Fahrzeugen.

In Cooktown (verschlafenes Nest, die Leute sehr eigenbrötlerisch und zum Teil ziemlich wortkarg) geben wir eines unserer zahlreichen Filmpakete zur Entwicklung nach Deutschland auf und sind froh, dass unser Auto durchgehalten hat. Drei Flussüberquerungen, die letzte recht steinig! Sage noch, dass das easy aussieht und rein ins Wasser. Werden dann ganz schön durchgerüttelt. Übernachten in einer cabin auf dem Tropical Breeze CP. Endlich mal wieder ein Bett, und jetzt ist vor allem Waschen angesagt!

Brolga-Kranich

Lakefield National Park

Dienstag, 30. April

Tanken in Laura, dem Ort mit Copyright für Abgelegenheit. Unser Spritverbrauch liegt bei 17,5 Litern/4WD und 13 Litern/2WD. Wichtig zu wissen, da Tanken im Outback nur an bestimmten Punkten möglich ist. Reservekanister natürlich Pflicht. Kommen um etwa 16.30 Uhr in der Rangerstation von Kalpowar an und tragen uns für den CP in Kalpowar Crossing ein. Schöner Platz. Im Park überall *swamps* mit *lilies*. Wasserlöcher, die von teilweise recht stattlichen Salzwasserkrokodilen bewohnt werden. An den *billabongs* kursieren Geschichten von wahren Monstern, deren kalte Blicke im nächtlichen Wasser funkeln. In der Nacht Dingo-Geheul. Am nächsten Morgen finde ich in etwa 20 Meter Entfernung meinen rechten, nagelneuen *thong* (Gummischlappen) stark angekaut im Gebüsch.

Mittwoch, 1. Mai, Kalpowar crossing CP

Bewundern den Südsee-Nachtreiher an Kalpowar Crossing. Am White und Red Lilys Swamp sitzen wir auf dem Autodach und frönen einer unserer Lieblingsbeschäftigungen, der Vogelbeobachtung. An der Rangerstation kommen ein Dingo und vier Brolgakraniche vorbei. Könnten ewig hier bleiben, aber die Sonne geht bald unter, und das Essen muss gekocht werden – Pfannenkuchen und Blumenkohl.

Abends gackern die Kookaburras, die hier in Norden blaue Flügel haben, mal wieder besonders eindringlich. Dann ab, mit Kerzenlampe unter die Dusche und wohltuend erschöpft in den Schlafsack.

Donnerstag, 16. Mai, Mission Beach – Tablelands

Nachdem wir uns zwei Tage an Mission Beach von unserer strapaziösen, sieben Tage dauernden Wanderung auf Hinchinbrook Island ausgeruht haben, fahren wir zum Henrietta Creek CP am Palmerston Highway. Von nun an immer Richtung Westen. Zunächst in die Tablelands, um die zahlreichen Wasserfälle zu besuchen und um bei sehr angenehmen „Höhenklima" so richtig durchzuschnaufen.

Termitenhügel und
Blick auf Lawn Hill River und Gorge

Milla Milla Falls, Tablelands

Boodjamulla, Lawn Hill National Park

Sonntag, 19. Mai, Talleroo Hot Springs – Gregory Downs

Heute fahren wir 700 Kilometer, bis wir um 17.00 Uhr bei schwindendem Licht das letzte Bett im Roadhouse von Gregory Downs bekommen. Dort trinken wir ein kühles Victorian Bitter für stolze 3,70 Dollar (*petrol* jetzt schon über einen Dollar der Liter). Zuvor Zwischenstopp in Normanton. Wollen eigentlich nach 200 Kilometer Staubfressen in Willis Roadhouse übernachten, aber die Zimmer wie Pferche, ohne richtiges Licht: Gefängnis für 49 Dollar! Tja, sind halt im Outback angelangt. Fahren weitere 180 Kilometer, immer der untergehenden Sonne entgegen und mit Argusaugen das *wildlife* beobachtend, das nun häufig die Straße passiert. Hat sich aber gelohnt, da wir uns jetzt auf ein helles Zimmer mit anständigem Bett freuen können.

Montag, 20. Mai, Lawn Hill CP

Auf unserem Weg zum NP sehen wir viel Aas (vor allem Rinder) auf und neben der Straße liegen, das vom nächtlichen Roadtrain-Verkehr zeugt und an dem sich große Keilschwanzadler und ganze Krähenscharen gütlich tun. Am CP angekommen bekommen wir zum Glück einen Platz, obwohl wir für später gebucht hatten.

Hier ist alles sehr trocken und der Lawn Hill Creek wie eine Oase inmitten einer Steinwüste. Schatten ist hier das wichtigste, da die Sonne sehr heiß vom Himmel brennt. Abends machen wir einen Spaziergang zur Lower Gorge und ich sehe einen jungen *freshie* (etwa 40 cm lang), mehrere Seeadler, Wildschweine und unzählige Greifvögel, vor allem Milane. Eine tolle Schlucht: Wasserlilien blühen weiß und lila, rotes Gestein – man bekommt richtiges Red-Center-Feeling. Am Platz zurück besucht uns *willie wagtail,* ein schwarz-weißer Fächerschnäpper, der immer mit seinen langen Schwanzfedern wackelt, und hier überall anzutreffen ist. Lustiges Kerlchen. Der Sternenhimmel hier ist nicht so klar wie ich angenommen hatte. Irgendwie scheint ein Dunstschleier über ihm zu liegen. Eigentlich kaum möglich, ist doch Tausende von Kilometer rundherum nix los. Nachts ist es totenstill!

Freitag, 24. Mai

Wir rasen im Affenzahn, mit Taschenlampen bewaffnet, kurz vor Sonnenaufgang den Island Stack hoch. Zum Glück wartet die Sonne bis wir „positioniert" sind. Dann gemächlich zurück zum Platz, den Ball flach halten, herrliches Bad im Fluss mit Schlangenhalsvogel, „plop" war er da, wie aus dem Nichts und streckt seinen langen Hals aus dem Wasser. Sehe einer Schlange beim Durchschwimmen des Flusses zu. Die Vorräte gehen aus, wir „managen" gerade mal so.

Lawn Hill
National Park

WELCOME
to
[DHC]
NATURE
TERRITOR
the NORTHERN TERRITO
of AUSTRAL

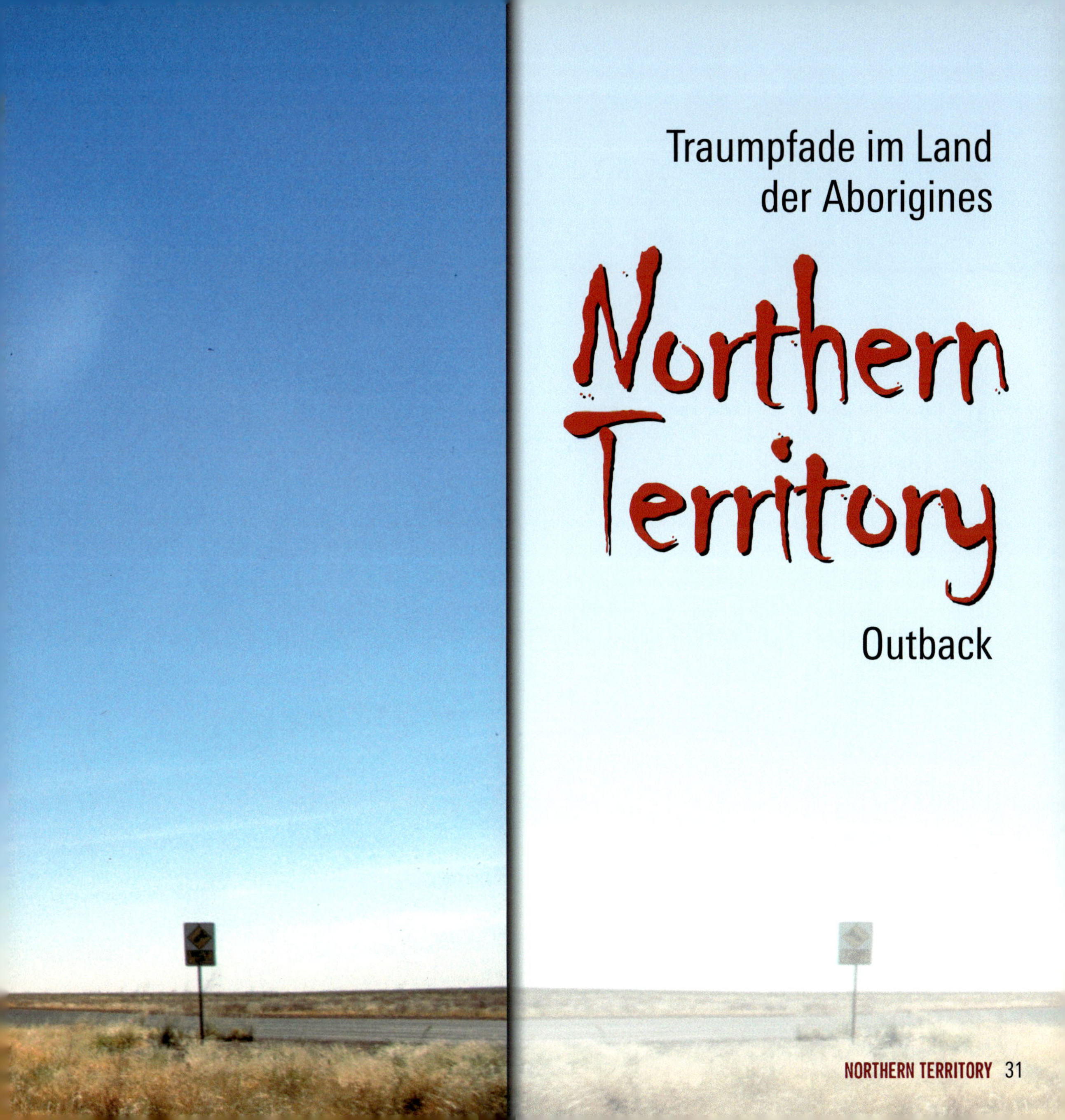

Traumpfade im Land der Aborigines

Northern Territory

Outback

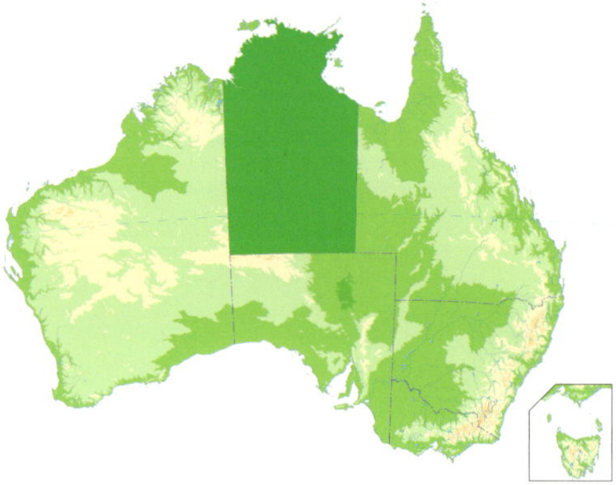

Nur rund 200.000 Menschen, etwa ein Prozent der australischen Gesamtbevölkerung, leben in diesem 1,35 Mio. qkm großen Bundesstaat, in dem Frankreich, Spanien und Italien gemeinsam Platz hätten. Mehr als jeder vierte stammt hier von den Ureinwohnern ab, was den ursprünglichen Charakter dieses Landes noch verstärkt. Seine klimatischen Unterschiede sind extrem: Im Norden um die Hauptstadt Darwin regnet es durchschnittlich 1570 mm pro Jahr, während zwei Drittel des Landes mit 500 mm weitgehend leer ausgehen. In den Minen werden u.a. Uran, Bauxit, Gold, Silber und Zink gefördert und auf bis zu 12.000 qkm großen Farmen Rinder für den australischen Markt und den Export gezüchtet.

Der berühmte Monolith *Uluru* im Red Center sowie die Felsformationen der *Kata Tjuta,* die Stadt Alice Springs sowie der Kakadu-Nationalpark mit seinem Vogelreichtum gehören zu den magischen Plätzen dieses beeindruckenden und sehr vielfältigen Bundesstaates.

Devil Marbles

Samstag, 25. Mai

Ein spannender Tag. Schaffen wir die 200 Kilometer *dirt road* gut über Riversleigh zum Barkley Highway? Eine Strapaze! Günter schaltet so ab, dass er bald in den Graben gefahren wäre. Riversleigh ein ausgeräumtes Feld von Fossilien von hohem archäologischen Wert. Fahren an berittenen *jackaroos* vorbei, die mit Hilfe eines Helikopters Vieh zusammentreiben. Nach dreieinhalb Stunden Schwerstarbeit Ankunft in Commooweal, der westlichsten Stadt in Queensland. Auf dem Barkley Highway essen wir fish & chips, bevor wir zu unserem Übernachtungsquartier *Barkley Homestead* weiterfahren. Wir bekommen mal wieder das letzte Zimmer, einen Container. Der Generator läuft die ganze Nacht, 600 Liter Diesel verbraucht diese Homestead am Tag! Alles bestens organisiert, hier in the „middle of nowhere".

Sonntag, Vollmond, 26. Mai

Ankunft bei den *Devil Marbles.* Wir sind über den Stuart Highway, die Nord-Süd-Hauptversorgungslinie, nach Tennant Creek gefahren. Hier im Ort ist schon deutlich zu spüren, dass man im ursprünglichen Australien ist. Überwiegend Aborigines sind auf den Straßen zu sehen. Habe irgendwie eine Schwäche für diese Menschen, die so viel miterleben mussten und immer noch müssen. Auch bin ich voller Bewunderung, wie sie in diesem kargen Land leben können, in dem wir ohne den ganzen zivilisierten Schnickschnack eingehen würden.

Leider ergab sich während unserer Reise keine Gelegenheit, näher mit diesen scheuen Menschen in Kontakt zu kommen. Jetzt ist viel mehr los als auf dem endlos langen Barkley Highway, auf dem man für Hunderte von Kilometern keinen Baum sehen kann. Nachdem wir in Tennant Creek Lebensmittel eingekauft haben, fahren wir zu dem einzigen Platz der Devil Marbles an dem es gestattet ist zu übernachten. Wir breiten uns aus und befreien das Autoinnere vom Wüstenstaub, um es für die Übernachtung heimelig herzurichten. Habe noch eine ruppige Auseinandersetzung mit einem betrunkenen Aussie über das Abknallen von *feral cats* (verwilderte Katzen), bevor wir uns Richtung Marbles aufmachen. Vor dem Abendessen mache ich in dieser fast unwirklichen Location Yoga, das ich während unserer langen Fahrt mehr und mehr schätzen lerne.

Als wir später gen Osten schauen, der Himmel noch pastellfarben und weiter vom Horizont entfernt, dann immer blauer werdend, denke ich plötzlich: „Was ist denn das da hinten – ein Kraftwerk mitten in der Wüste?". Doch als das „Kraftwerk" dann, hellgelb leuchtend und sich aufblasend wie ein mit Gas befüllter Ballon, von der flachen, weiten Umgebung abhebt, wird mir klar: es ist Vollmond! Ergreifend – eine Art Schlüsselerlebnis. Wir sind wie infiziert und rechnen ab jetzt nur noch „in Monden" statt in Monaten.

Leisten- oder Salzwasserkrokodil
und Australischer Schlangenhalsvogel

Kakadu National Park

Samstag, 8. Juni, Jaribu CP

Aufstehen um 4.50 Uhr. Heutiges Ziel: Yellow Water, zur ersten Flussfahrt um 5.45 Uhr. Es ist sehr frisch am Wasser. Nebel liegt über dem *billabong*. Sehen all die Vögel und Tiere, die wir vorher so sehr „gesucht" hatten. *Salties* gibt's hier jede Menge: Spannend, wenn man plötzlich vor sich die Schnauze im Wasser auftauchen sieht. Vor allem der *darter* (Schlangenhalsvogel) hat es uns hier jedoch angetan, seine Laute sind mir ins Gedächtnis eingemeißelt. Wie er mit einem aufgespießten Fisch im Schnabel vor uns auftaucht, mit dem im Morgenlicht glänzenden Körper kämpft, um ihn dann – nachdem er ihn in die richtige Position gebracht hat – auf einmal herunterzuschlucken. Dann ein Eisvogel, der urplötzlich einen Silberreiher attackiert. Sehe nur blau und die aufgestellten Nackenfedern des Reihers, ohne gleich zu kapieren, was los ist. Oder wie ein Seeadler mit einer Wasserschildkröte in den Klauen zum Horst zurückfliegt, wo er von drei gefräßigen Mäulern ungeduldig erwartet wird. Ein richtiger Krimi spielt sich da vor unseren Augen ab. Jede Sekunde passiert hier etwas, der Kampf ums Fressen und Gefressenwerden. Yellow Water am frühen Morgen: ein Drama in tausend Akten.

Nawurlandja Lookout
und Nourlangie Rock,
Kakadu National Park

Montag, 10. Juni

Hocken mit etwa 300 anderen Touristen auf dem heiligen Ubirr Rock und schauen uns einen vom Buschfeuer malerisch gefärbten Sonnenuntergang an. Beeindruckend, da hoch über der Ebene und den Wolken zu sitzen und von Rangerin Rachel etwas über die Wasserbüffel, die aus East Timor eingeführt wurden und die Gegend verwüsteten, erzählt zu bekommen, oder in der Ferne das Arnhem-Land, in denen die Aborigines selbst heute noch relativ ursprünglich leben, zu betrachten und dabei seinen Gedanken in dieser mystischen Stimmung freien Lauf zu lassen.

Dienstag, 11. Juni

Fahren in der Morgendämmerung Richtung Nourlangie Rock und haben gleich ein tolles Erlebnis! Ein Asiatischer Großstorch, Silber- und Seidenreiher, verschiedene Kormorane, ein Ibis und andere Wasservögel treffen sich an einem *Billabong* direkt neben der Straße. Wir parken unser Auto 50 Meter weiter weg und schleichen uns an. Sie bemerken uns aber und fliegen leider alle weg. Nach einer Weile des Ausharrens kommen sie jedoch einer nach dem anderen wieder und wir erleben mit ihnen den Sonnenaufgang. Stille, glänzendes Gefieder, Spiegelungen im Wasser … Danach fahren wir weiter und besuchen die Felsenmalereien an Nourlangie Rock, die ich zusammen mit der *quinkan art* bei Split Rock auf der Cape York Peninsula am schönsten finde.

Seidenreiher

Lightning Man, Felsmalerei, Nourlangie Rock

Sehe ein Paar Waldeisvögel und unterhalte mich ausführlich mit einem australischen Taubenfreund, der meinen Weg im Wald kreuzt. Zurück am CP ziehen wir uns an den großzügig angelegten Pool zurück, an dem Günter sein „WM-Studio" aufgeschlagen hat und entspannt den englischen Sieg über Argentinien verfolgt. Ein wahrer Luxus inmitten dieser von Wasserlöchern, Schnaken, Krokodilen und Vögeln wimmelnden Gegend, in der es mittags unerträglich heiß ist und man zu gar nichts Lust hat.

Freitag, 14. Juni

Sind nun schon eine Woche in Kakadu und ziemlich viel herumgekommen. Ein ornithologisches Schlaraffenland. Wie das wohl erst ist, wenn die Trockenzeit durchbricht, die Wasserlöcher immer kleiner werden, der Himmel mit dunklen Gewitterwolken verhangen ist und die sich aufbauende Regenzeit beginnt. Als wir abends um den Anbangbang Billabong laufen und sich die Sonne gerade verdrückt hat, stürmen, filmreich, Scharen von Flughunden aus ihren Höhlen und verdunkeln unter ohrenbetäubendem Lärm den Himmel. Als der Spuk vorüber ist hören wir Hundegebell und erspähen zu unserer großen Freude den Kuckuckskauz im Dämmerlicht. *Having a ball!*

Karijini National Park, Pilbara

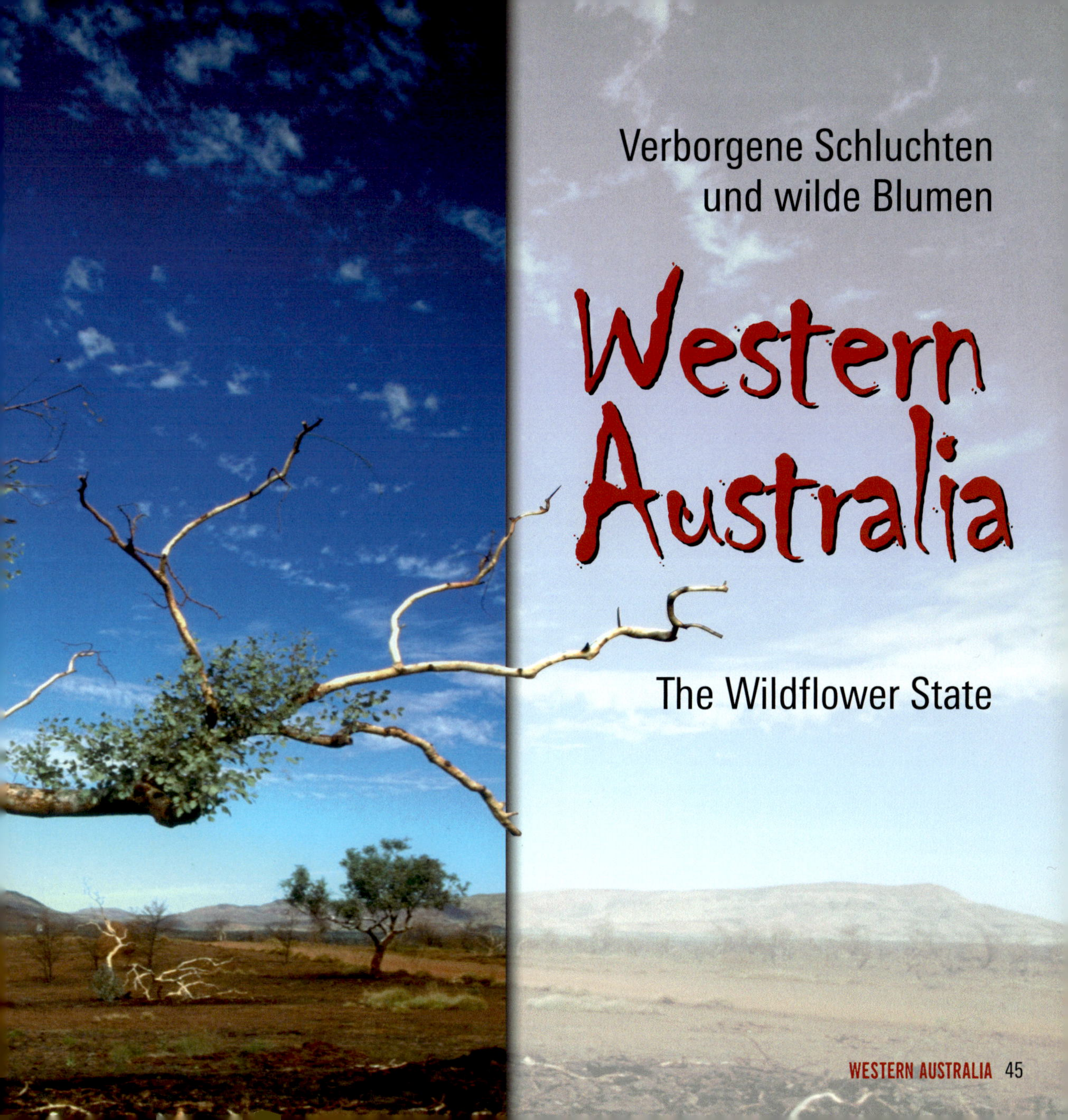

Verborgene Schluchten und wilde Blumen

Western Australia

The Wildflower State

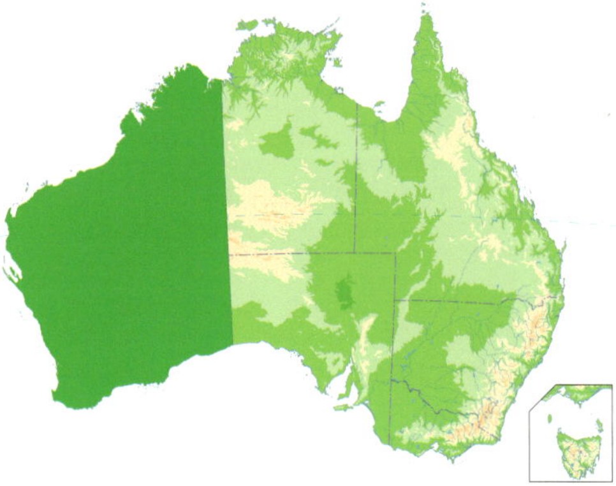

Der mit 2,5 Mio. qkm Landfläche größte Bundesstaat Australiens bedeckt rund ein Drittel der Landesfläche. Von der indonesischen Timor See im Norden über den Indischen Ozean bis zum Südmeer, in dessen Süden die Antarktis liegt, erstreckt sich eine 6000 Kilometer lange Küste. Die Vielfältigkeit dieses Staates wird durch die *Kimberleys* im Norden mit ihren flaschenförmigen *boab trees* und ihrer großen Anzahl an Aborigines-Gemeinden, durch die Pilbara-Region mit ihren Schluchten, die grandiosen Strände entlang des Indischen Ozeans, die Wildblumenblüte ab August/September bis hin zu den Wüstenregionen des angrenzenden Outbacks und der Baumriesen und üppigen Vegetation des äußersten Südwestens deutlich. 70% der 1,93 Mio. Westaustralier leben im Großraum Perth und Bunbury. Die Zahl der Bewohner macht nur etwa 10% der Gesamtbevölkerung Australiens aus, Western Australia steht somit an vierter Stelle hinter New South Wales, Victoria und Queensland.

Pilbara

Keep River National Park

Sonntag, 23. Juni

Fahren 500 Kilometer nach Keep River – tolle Gegend! Haben fünf Liter Wasser für zwei Tage Camping auf dem Gurrandalng CP, der zwar absolut trocken und spartanisch, jedoch idyllisch gelegen ist. Sind vom Gurrandalng-Pfad so begeistert, dass wir ihn gleich zweimal begehen. Kommen bereits in der Dunkelheit am Camp an, nachdem uns Vollmond und Taschenlampen heimgeleuchtet haben. Unterwegs flitzt mir dann noch ein Tier durch die Beine, das ist witzig, irgendwie. Nachts ist es totenstill, und ich höre das Blut in meinen Ohren rauschen. Toll wieder draußen zu sein!

Gurrandalng Walk,
Keep River National Park

Weg zur Echidna Chasmn,
Purnululu National Park

Purnululu National Park,
Bienenkörbe

Purnululu National Park

Samstag, 29. Juni

Sind gestern mit solide repariertem Kühler in die Bungle Bungles gefahren – 53 Kilometer lang den Atem anhalten, jede größere Steinplatte umfahren, um Platten zu vermeiden. Diskussionen über den richtigen Luftdruck. Die Walardi Campsite ist traumhaft. Jeder hat sein eigenes, sehr naturbelassenes Reich. Fahren, nachdem wir uns eingerichtet haben, zur Cathedral Gorge, die in einem imposanten Amphitheater endet. Schräge Wände über uns, dann verengt sich alles und endet in einem Kamin, der steil in den blauen Himmel ragt. Alles orange hier – Stille. Wir verbringen den ganzen Tag bei den *beehives*, horizontalen Sandsteinbergkuppen, die wie Bienenkörbe aussehen, und fotografieren. Abends am Camp ist der Sternenhimmel bombastisch, und nach dem Abendessen kriechen wir glücklich in unsere Schlafsäcke.

Dienstag, 2. Juli

Haben um 5.50 Uhr gepackt und fahren der aufgehenden Sonne entgegen. Alles in Pastell.

Frühstück unterwegs. Haben ohne Zwischenfälle samt Pausen drei Stunden gebraucht. Sind um 9.00 Uhr auf dem Hwy No. 1 und froh, wieder Asphalt unter den Rädern zu haben.

Mittwoch, 3. Juli

55 Filme in Fitzroy Crossing wegbringen und einkaufen. 81 Dollar. Heftig teuer alles. Das Kilogramm Äpfel 5 Dollar. Aber ein paar Vitamine braucht man ja schon. Weiterfahrt zur Windjana Gorge.

Devonian Reef National Park – Windjana Gorge National Park

Donnerstag, 4. Juli bis Samstag 6. Juli

Gehen mal morgens, mal abends in die Gorge. Beobachten einen Jabiru (Großstorch) und eine Baumschlange, die mich beinahe zu Tode erschreckt. Überall Freshies am Flussufer! Und da machen wir in Lawn Hill so ein Theater, laufen drei Mal zur unteren Schlucht und hier präsentieren sie sich wie auf dem Laufsteg! Alles sehr staubig hier, was mir momentan ziemlich zu schaffen macht. Da unsere Luftmatratze das Zeitliche gesegnet hat, sind wir nun auf unsere härteren Isomatten angewiesen. Sowieso ist momentan auch bei uns die Luft etwas raus. Wir beschließen, eine „Reisepause" einzulegen und zwei Wochen Urlaub in Cape Leveque zu machen.

Windjana Gorge
National Park

Windjana Gorge
National Park

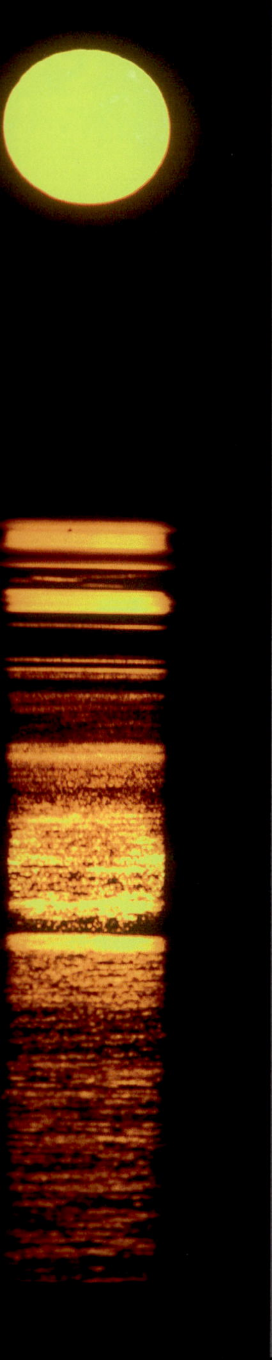

Broome

Sonntag, 7. Juli

Stelle fest, dass ich zu alt fürs Backpacker-Partyleben bin ... Broome, tolle Stadt, super Wetter, alle ziemlich locker drauf, kein Wunder: Sommer, Sonne, Stand und Meer ... Besorgen uns eine neue Luftmatratze und Vorräte für vierzehn Tage Strandleben ... sehen den Film „Rabbit Proof Fence" im Sun Pictures, dem ältesten Kino Australiens, und erleben das Vollmond-Naturschauspiel „Staircase to the moon". Passt irgendwie alles zusammen.

Dampier Peninsula

Montag, 8. Juli bis Donnerstag, 18. Juli

Erleben mit die tollsten Tage der gesamten Reise! Die Dampier Peninsula wurde den Aborigines zurückgegeben und ist in mehrere Gemeinden unterteilt. Nicht nur, dass die Gegend absolut bezaubernd ist, wir haben jetzt auch viel Zeit für uns, ohne die ständige Packerei und lernen sehr interessante Leute kennen. Machen ausgedehnte Strandspaziergänge, bei denen wir immer wieder aus dem Wasser springende Buckelwale beobachten. Schmieden Pläne und lesen viel. Eine einfach unbeschreiblich schöne Zeit!

„Staircase to the moon"

Middle Lagoon,
Dampier Peninsula

Günter
bei der Arbeit

Weststrand,
Cape Leveque

Montag, 5. August

Nach sieben, teils spektakulären Tagen in den Schluchten des Karijini NP, wieder unterwegs in der bizarren Pilbara. Holen uns ein (kostenloses) Hammersley Iron Permit für die Benutzung der firmeneigenen Schotterpiste durchs Outback, die eine erhebliche Abkürzung zum Milstream Chichester NP darstellt. Straßenbeschaffenheit sehr ruppig, mit teilweise rasierklingenscharfen Steinen. Es wird ein langer, anstrengender Tag, der mit einem völlig zerfetzten Hinterreifen am Milstream CP endet. Haben jedoch noch Glück im Unglück und schaffen es gerade so zu unserem Platz direkt am Fluss. Da es bereits dunkelt, wird der Reifenwechsel auf den nächsten Tag verschoben. Zaubern ein tolles Essen mit Steaks, Gemüse und Wein aus unseren Vorratsboxen. Nachts habe ich wegen der Reifenkillerpiste einen Alptraum nach dem anderen. Um 4.30 Uhr stehe ich auf, kann nicht mehr schlafen.

Mittwoch, 7. August

Da unser Zelt direkt am Fluss steht und teilweise vom weit verzweigten Geäst der mächtigen Fluss-Eukalypten überragt wird, haben die am frühen Morgen lärmend einfallenden *little corellas* (Nacktaugen-Kakadus), unsere bis dato so propere Behausung mit ihren Exkrementen dermaßen zugeschüttet, dass die Reinigung nur sehr mühsam vonstatten geht. Später, im regenreichen Südwesten, werden die hier erlittenen Schäden gnadenlos deutlich. Gelangen am nächsten Tag ohne weiteren Platten nach Karratha, wo wir uns zuerst neu bereifen und das Auto, das seine Farbe gewechselt zu haben scheint, vom ätzenden Vogeldreck befreien. Fahren weiter Richtung Exmouth und müssen einen Zwischenstopp im Nanuntarra Roadhouse machen. Nachts hören und riechen wir die mit Vieh beladenen Roadtrains und den Generator. Wir kennen das ja schon.

Weano Gorge,
Karijni National Park

Kakaduschwarm,
Millstream Chichester NP

Ningaloo Marine Park – Cape Range National Park

Freitag, 9. August bis Sonntag, 11. August

Schnorcheln in Turquoise Bay. Superklares, türkisfarbenes Wasser, toller weißer Sand. Man kann hier, anders als beim Great Barrier Reef, direkt vom Strand aus Schnorcheln und muss auch keine Angst vor irgendwelchen gefährlichen Quallen haben, von denen manche nur Zentimetergröße ereichen. Es ist ein ganz neues Erlebnis, diese bunten Korallen live mitzuerleben und die farbenprächtigen Fischschwärme zu beobachten. Günter wäre beinahe mit einer Wasserschildkröte zusammengestoßen, da sich beide nicht bemerkten. Als sie ihn dann sah, drehte sie elegant und völlig unaufgeregt ab.

Die „Shot over“,
Shark Bay

Waaroora Sheep Station

Sonntag, 11. August bis Donnerstag, 15. August

Fahren südlich über Exmouth zur Waaroora Sheep Station. 250.000 acre Land, das direkt an das Ningaloo Reef angrenzt. Nach Anmeldung beim Eigentümer dürfen wir den Platz frei auswählen und sind mutterseelenallein. Suchen uns einen Platz an Pelican Point (etwa 20 Kilometer vom Farmhaus entfernt), direkt unter einer ausladenden *desert oak* (Wüstenkasuarine), die uns durchgehend Schatten spendet und fünf verschiedenen Vogelfamilien als Behausung dient, u.a. einem australischen Turmfalkenpaar mit Nachwuchs, die uns besondere Freude bereiten. Ansonsten gehört der Strand uns allein, ohne die Spur zivilisatorischer Einrichtungen. Wir waschen das Geschirr im Meer und entledigen mit Hilfe des Spatens unsere Hinterlassenschaft. Sehen riesige Wasserschildkröten, kleine Riffhaie, einen Tintenfisch, der bis direkt an den Stand schwimmt, und von der hohen Düne aus können wir deutlich die Fontänen der vorbeiziehenden Buckelwale ausmachen. Schlendere oft am Strand umher und untersuche die vielen prächtigen Muscheln. Beobachte etwas ohnmächtig eine große, sterbende Seeschnecke, deren violettes Blut im Sand versikkert. Die Wildblumen fangen vereinzelt an zu blühen und versprechen sehr bunte Zeiten. Sitzen oft unter unserer Wüstenkasuarine, planen unsere nächsten Ziele und lesen viel, vorausgesetzt, unsere Baumnachbarn sind ausgeflogen oder halten gerade ein Mittagsschläfchen.

Salzsee

Kalbarri National Park

Freitag, 16. August bis Donnerstag, 22. August

Blumenfreunde und auch die, die glauben, nichts für Blumen übrig zu haben, werden von der Schönheit und der Artenvielfalt der Wildblumen Westaustraliens (Blütezeit Juli/August bis Dezember/Januar) fasziniert sein. In der Samstagsausgabe des *West Australian* gibt es eine Rubrik, den sog. „Wildflower watch", die die Leser über die Blütezeiten und -gegenden auf dem laufenden hält. Das Wetter wird, je weiter wir nach Süden kommen, immer kühler, und wir können nicht mehr den ganzen Tag in kurzen Hosen und T-Shirts verbringen – leider. Auch müssen wir jetzt nachts damit rechnen, dass unsere Ausrüstung nass wird, und können es uns nicht mehr leisten, unser ganzes Hab und Gut einfach draußen stehen zu lassen. Wir bedauern das sehr und vermissen anfänglich die wetterbedingte Unbeschwertheit des Winters im nördlichen Teil Australiens.

Isopogon formosus

Schnabeligel

Mt Leseur National Park

Montag, 2. September, Jurien Bay

Trotz kühlerem und feuchterem Wetter entwickeln wir eine neue Leidenschaft und verbringen unzählige Stunden damit, Wildblumen ausfindig zu machen, sie zu bestimmen und zu fotografieren. Eine sagenhafte Vielfalt an Orchideen begeistert mich besonders. Die Suche nach dem kleinen Honigbeutler, der sich ausschließlich von Nektar ernährt und deshalb auch nicht weit verbreitet ist, bleibt jedoch vergebens.

Walepole-Nornalup National Park

Freitag, 12. September

Kommen nachmittags in Walepole an und mieten uns in einem „Commercial" Campground ein. Wasche zwei Maschinen Wäsche und dusche seit sieben Tagen das erste Mal wieder. Tja, nur wenige staatliche Campingplätze in der äußersten Ecke Westaustraliens verfügen über den Luxus einer Dusche! Jedenfalls weiß man nun mal wieder zu schätzen, was eine schöne heiße Dusche ist. Abends spendiert der Campingplatz-Eigentümer gegrilltes Haifischsteak und wir lassen es uns gut schmecken.

Eukalyptusblüte

Pinnacles,
Nambug National Park

Porongurup National Park

Sonntag, 14. September – Mt Barker CP

Sturm, Hagel, Regen – richtiges Sauwetter! Gut, dass wir im Mt Barker CP mit Küche und Wohnzimmer sind. Sogar den Ofen müssen wir anmachen. Hier in Australien lebe ich wirklich von Tag zu Tag und frage mich nun schon öfter mal, wie es zu Hause sein wird mit den regelmäßig wiederkehrenden Abläufen. Vermisse meine Badewanne, besonders wenn es hier so „schattig" ist. Heute Nacht soll es nur 5 Grad geben, und im Zelt wird alles dichtgemacht. Unser tapferes Hilleberg trotzt nach erfolgter Neuimprägnierung standhaft dem Dauerregen. Nur habe ich jetzt auch noch mit der Gaslaterne ein Loch ins Innenzelt gebrannt.

Mittwoch, 17. September

Nach bitterkalter Nacht bin ich ziemlich durchgefroren und fühle mich gar nicht fit. Wir laufen in den Porongurups zur Devils Slide. Wetter gut und vor allem trocken. Viele lilablaue Waldreben im Karriwald. Toll anzusehen. Abends, nachdem wir noch in Albany einkaufen und essen waren, fühle ich mich recht schlapp – werde bestimmt krank. Aber zumindest hat der Regen aufgehört.

Grassbäume, Sterling Range
und Lagerplatz, Contos Field CP

Fitzgerald River NP

Donnerstag, 18. bis Samstag, 20. September

Günter spannt mir die Hängematte auf, legt meinen Schlafsack rein und ich kuriere mal wieder meine Erkältung in ihr aus. Bin froh, dass wir sie dabeihaben. Sind ganz alleine, campieren direkt am Inlet und haben einen glühend roten Sonnenuntergang. Der ganze Fitzgerald ein einziges Blütenmeer.

Hamersley Inlet, Fitzgerald River National Park

Cape Le Grand National Park

Sonntag, 21. bis Mittwoch, 24. September – Lucky Bay CP

Haben einen super Zeltplatz und drei Tage nur schönes Wetter, was für diese Jahreszeit eher ungewöhnlich ist. Unsere letzte Chance, den Honigbeutler zu sehen. Ein schweres Unterfangen, da dieser nur mausgroße Beutler bei dieser Fülle von Blüten nur schwer auszumachen ist. Wenn die wüssten, dass wir schon über sechs Wochen nur von ihnen reden! Abends laufen wir zum Mississippi Hill und warten bis es dunkel wird. Doch als der Vollmond über den Berg kommt, haben wir immer noch keinen gesehen. Alles blüht um die Wette. Plötzlich meine ich ein Schwänzchen zu sehen und dann die Schnauze. Völlig aufgeregt gebe ich Günter ein Zeichen, innezuhalten. Beobachte es einige Minuten und versuche einen anderen Blickwinkel zu bekommen, doch dann stelle ich enttäuscht fest: Fehlalarm! Nur ein Blatt im Wind. Laufen bei Vollmond wieder den ewig langen Strand zurück. Am nächsten Morgen teilt uns der Ranger mit, dass Vollmond eine schlechte Zeit zur Sichtung sei, da ihre Jäger sie besonders gut sehen könnten und die Possums sich deshalb besonders gut versteckt halten. Nun hat sich Günter erkältet und geht auch gleich wieder in seinen Schlafsack. Wir lesen viel und ruhen uns aus. Lernen Nicole und Bart aus Melbourne kennen, die mit dem Rad die Nullarbor durchqueren wollen.

Nullarbor National Park

Mittwoch, 24. September,
Lucky Bay bis Mandurah RH

Es regnet die ganze Nacht und morgens habe ich Sorge, dass Günter nicht fit ist. Doch er beißt sich durch! Unsere sogenannte „Abkürzung" (300 Kilometer weniger, weil wir nicht über Norseman fahren wollen) zum Balladonia Roadhouse entwickelt sich als alptraumartige Schotter-, Stein- und Sandpiste, die mehr als vier Stunden in Anspruch nimmt. Mitunter fahren wir 10 bis 20 km/h und unterhalten uns kaum. Zähle die Kilometer. Einfach unglaublich, drinzustecken und nichts machen zu können, als immer wieder nur weiterzufahren. Am anderen Ende (Zufahrt vom Highway) steht natürlich dann auch ein entsprechendes Hinweisschild: „Naturbelassene" Straße, *limestone,* und nur etwas für *toughe* Fahrer. Nun, das steht für uns am falschen Ende! Fahren nun den Highway weiter bis zum Mandura Roadhouse, fallen in unseren „Container" und sind sofort mausetot.

Donnerstag, 25. September,
Mandura Roadhouse bis Nundroo Roadhouse

Fahren 580 Kilometer, bis Nundroo Roadhouse. Unterwegs die Bunda Cliffs, eine (im Sand) versunkene Telegrafenstation, Glattwale mit ihren Jungen, die sehr nahe und gemächlich im Wasser liegen. Sind abends ziemlich ausgebrannt. Mache uns noch einen Gemüseteller und dann ab in die Koje.

Freitag, 26. September,
Nundroo RH bis Mt Remarkable

Sind früh auf. Fahren um 8.00 Uhr los und wollen bis Mt Remarkable durchfahren, etwa 650 Kilometer! Ein langer Weg. Bin nach miserabler Nacht wie ausgelutscht. Die Nullarbor Plain ist, entgegen ihres Rufes, sehr grün und eigentlich sind diese knapp 1500 Kilometer wesentlich abwechslungsreicher als befürchtet. Da ist der Barkley Highway in Queensland eher die totale Öde. Kleiner Wermutstropfen sind die vielen Tierkadaver (überwiegend Emus), die den Highway streckenweise in ein Schlachtfeld verwandeln und jede Menge tierische „Trittbrettfahrer" anlockt. Schicken, sobald wir wieder Empfang haben, was auf der Höhe von Port Augusta der Fall ist, unseren „Ballments" eine SMS. Die haben nämlich drei Wochen Frühjahrsferien und fahren mal kurz von Townsville nach Adelaide, weiter ins Zentrum und wieder zurück. 5000 Kilometer Kurzurlaub. Das sind eben die Australier. Nichts anderes gewöhnt. Wir wollen sie im *Underground CP* (wegen der Hitze in einer Art Tunnel unter der Erde angelegt) in Coober Pedy wiedertreffen. Schon ein toller Zufall, dass wir das so timen konnten, nachdem wir fast ganz Australien bereist haben. Sind nun dabei Westaustralien zu verlassen und auf angenehme Weise ausgepowert. Freuen uns jedoch, so viel Schönes erlebt zu haben und sind sehr froh, dass wir uns für die Erkundung des größten und überaus vielfältigen Bundesstaates drei Monate Zeit gelassen haben.

Grenze zwischen
West- und Südaustralien
auf dem Eyre Highway

Eyre Highway

Von endlosen Küsten,
Wüsten und Känguruhs,
die klettern …

South Australia

Bis ins Red Center
und zurück

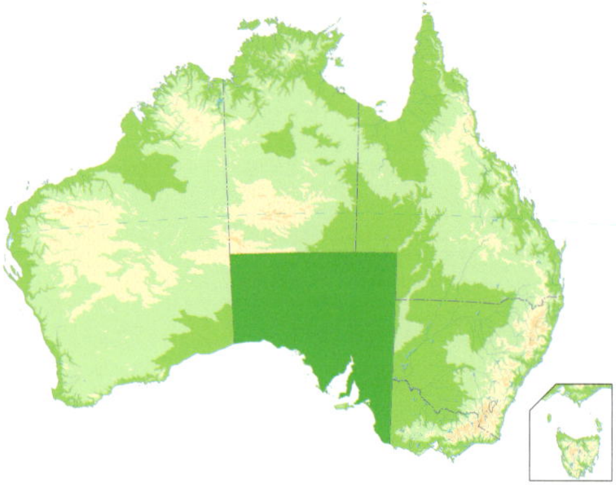

Sehr weite Gebiete dieses 987.377 qkm großen Landes sind unbesiedelt; über eine Million seiner gut 1,5 Millionen Bewohner lebt in der Hauptstadt Adelaide. Die viertgrößte Stadt Australiens wurde von britischen Einwanderern und Immigranten aus Schlesien geprägt. Trotz des überaus trockenen Klimas trägt South Australia 10% zur landwirtschaftlichen Produktion bei, und seine Weine aus dem *Barossa Valley* sind auch in Übersee bekannt. Bedeutend sind außerdem die Förderung von Gas, Kohle, Gold und vor allem Opalen. Dafür bekannt ist die Wüstenstadt Coober Pedy, in der die meisten Bewohner – äußerst schräge Vögel – wegen der Hitze unter der Erde leben und tagein, tagaus nach ihrem großen Fund schürfen. Über die Wintermonate kann man Glattwale im Südmeer beobachten, während man ansonsten Südaustralien eher wegen der kulinarischen Genüsse und der seltenen Gelbfuß-Känguruhs besucht.

Pink Lake,
Eyre Highway

Mt Remarkable National Park

Freitag, 26. September

Am Campingplatz ist es wunderschön. Viele Vögel, *rivergums* – paradiesisch! Ich wasche gleich nach der langen Fahrt von Hand unsere Wäsche, da die sanitäre Ausstattung sehr basic ist. Nur Toiletten, keine Duschen. Nachts schlafen wir gut, obwohl ich sehr lange brauche um einzuschlafen.

Samstag, 27. September

Emus laufen direkt am Zelt vorbei. Wir lachen, machen Witze über unsere neuen Besucher, die so majestätisch und naseweis an uns vorüberschreiten. In Yalgoo (WA) haben wir wegen dieser Geschöpfe noch lange Umwege gemacht. Aber es gibt immer Ecken, an denen Tiere etwas zutraulicher sind. Heute gehen wir auf die Suche nach Gelbfuß-Känguruhs, leider nehmen wir den falschen Weg. Die Bewegung tut jedoch nach der dreitägigen Fahrt sehr gut. Ich schwitze viel und Günter, noch immer verschnupft, kommt kaum vorwärts. Hier ist es nun wieder wärmer als im kalten Südwesten von Westaustralien. Morgen müssen wir einkaufen und wieder 500 Kilometer bis Coober Pedy fahren. Hoffentlich sind wir dann wieder fit.

Eidechse,
Mt Remarkable National Park

South Australia – Northern Territory

Sind superfrüh aufgestanden und noch vor 7.00 Uhr weggefahren. Mittlerweile sind wir so routiniert beim Zeltauf- und -abbau, dass jeder weiß was er tun muss. In Port Augusta kaufen wir dann eine Menge ein (für 227 Dollar), da im Zentrum alles sehr viel teurer ist. Dann läuft bis Coober Pedy alles wie am Schnürchen. Rechts und links nur Wüste, da ist die Nullarbor regelrecht bunt gegen. In Coober mieten wir uns dann im Campground ein, der wie fast alle Unterkünfte hier unter der Erde liegt. Ballments Zelt ist auch schon da. Würden uns am liebsten gleich hinlegen, gehen aber trotzdem noch in die „Stadt". Wie kann man da nur leben?! Nur Staub und Opalhügel. Nichts, an dem sich das Auge festhalten könnte. Abends kommen wir dann wieder an den Zeltplatz und feiern Wiedersehen mit den Ballments! Wir werden toll bekocht und erzählen und erzählen ... Schlafen danach ganz gut, obwohl eine Menge Leute in der „Röhre" liegen.

Coober Pedy

Coober Pedy

Uluru – Kata Tjuta NP

Sonntag, 28. bis Dienstag, 30. September

Gemeinsamer Aufbruch zum Uluru. Wir fahren die 730 Kilometer getrennt, da wir ohne Anhänger etwas schneller sind. Kommen um 16.00 Uhr an und reservieren gleich für alle. Ziemlich teuer und ziemlich voll, aber gut ausgestattet. Wasche gleich drei Maschinen Wäsche. Abends erleben wir dann einen tollen Sonnenuntergang, nicht direkt vor dem Uluru wie alle anderen, sondern wir setzen uns direkt auf den Berg und blicken gen Westen zu den Olgas. Wird wohl unvergesslich bleiben.

Kata Tjuta

Uluru (Ayers Rock)

Am nächsten Tag laufen wir zusammen den „Valley of the Winds Walk", der sich zwischen den Olgas hindurchwindet. Es ist heiß und ziemlich anstrengend, aber beeindruckend. Sue und ich reden jedoch so viel, dass ich gar nicht so viel mitbekomme. Die Hitze schlaucht mich mächtig. Günter nimmt sich Troys an und die beiden fotografieren fleißig. Dann gemeinsamer Lunch. Sue lobt meinen Griechischen Salat.

Aufstehen um 5.30 Uhr und Fahrt Richtung Kata Tjuta. Es ist sehr kalt. Haben eine tollen Sonnenaufgang, der direkt hinter dem Uluru beginnt und die gegenüberliegenden Olgas bestrahlt. Faszinierendes Farbenspiel an mystischer Stätte. Überhaupt scheint dieser Platz, der den Aborigines ja heilig ist, die Menschen zu beeinflussen und etwas Undefinierbares zu übertragen. Zumindest auf diejenigen, die auch mal bereit sind, offen und neugierig die ausgetretenen Pfade zu verlassen und ihre „Sender" auf Empfang zu stellen. Sind sehr glücklich und zufrieden, als wir wieder zum Zeltplatz zurückkehren und zusammenpacken.

Watarrka, Kings Canyon NP

Mittwoch, 31. September

Grand Canyon Walk in glühender Hitze. Danach verabschieden wir uns und vereinbaren einen Treffpunkt in Alice Springs. Wollen die Mereenie Loop Road zur Ormiston Gorge nehmen, entscheiden uns jedoch rasch für den Highway, nachdem sich die Straße als katastrophal entpuppt und Günter gleich am Anfang in sengender Hitze 30 Minuten beschäftigt ist, beim Reifenwechsel eines völlig unzureichend ausgestatteten Fahrzeugs (Spielzeug-Wagenheber) behilflich zu sein. Kommen nach weiteren 500 Kilometern spät in Alice an und schlagen unser Zelt in einem schön gelegenen Campingplatz auf. Essen Spaghetti und fertig für heute.

Samstag, 3. Oktober

Verabschieden uns von den Ballments, was ziemlich schwer fällt. Hoffen, dass wir sie wieder sehen werden – irgendwann. Fahren weiter zur Ormiston Gorge, um von dort den westlichen Teil der MacDonnell Ranges zu erkunden.

Valley of the winds

Kings Canyon

Finke River,
MacDonnell Ranges

Flinders Range National Park

Mittwoch, 7. Oktober,
Northern Territory bis South Australia

Wir verlassen Coober Pedy und fahren in Richtung Flinders. Wird mal wieder, wie so oft in den letzten zwei Wochen, ein langer Autotag. Haben jedoch die Entfernung etwas unterschätzt, die schnurgerade Schotterpiste scheint kein Ende zu nehmen. Kriechen „auf dem Zahnfleisch", und bei letztem Licht in der mit findlingsähnlichen Steinen übersäten Bracchina Gorge sehen wir gleich zwei Gelbfuß-Känguruhs! Für einen kurzen Augenblick scheinen die Strapazen wie weggewischt, doch als wir aus dem Auto kraxeln, empfängt uns ein orkanartiger Wind und inmitten des steinernen Meeres schlagen wir unser Zelt auf, um sofort in die Schlafsäcke zu steigen.

Känguruh

Donnerstag, 8. Oktober

Der Wind hat nachgelassen und wir haben herrliches Wetter. Sind ganz alleine auf dem Platz, der im Sonnenlicht schon viel besser aussieht. Wir verbringen den Tag mit Lesen und ich brate mal wieder Kartoffelpuffer. Irgendwie werden die aber nie so goldgelb und knusprig wie zu Hause bei Muttern. Gegen 4.00 Uhr nachmittags laufen wir los und gehen in Richtung Schluchtausgang am Fluss oder besser gesagt den Wasserlöchern entlang. Plötzlich sehen wir neben *euros* (Bergkänguruhs), Vögeln und anderen Tieren zwei Gelbfuß-Felsenkänguruhs mit *joey* (Jungem im Beutel). Wir sind mächtig aufgeregt. Günter sieht ganz nah eine Mutter mit Jungem, das aus dem Beutel hängt. Bin etwas weiter weg und schaue durchs Fernglas, weil ich es nicht durchs Näherkommen verscheuchen möchte. Sind die Freunde bunt! Sehr, sehr hübsch – wie die ganze Schlucht.

Flinders Range
National Park

Adelaide

Sonntag, 11. bis Montag, 12. Oktober

Fahren 350 Kilometer nach Adelaide, wo uns zunächst ein ausgezeichnetes Mittagessen erwartet. Adelaide ist ganz nett, wir sehen jedoch nicht allzu viel. Übernachten durch Zufall in einem schnuckeligen Motel mit Frühstück. Von dort haben wir es nicht weit zur Stadt. Auf der Post holen wir Günters zweites Filmpaket aus Deutschland ab (Diafilme ziemlich teuer hier). Abends gehen wir mal wieder ins Kino – *Heaven!*

Lake Catani,
Mt Buffalo NP

Vielfalt auf „kleinem Raum“

Victoria

The Garden State

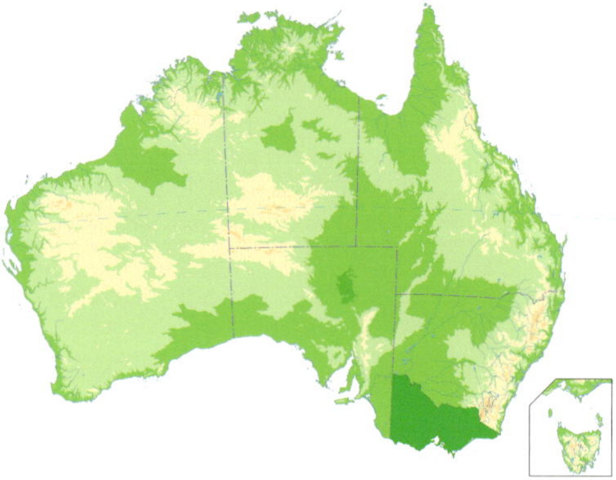

In der südöstlichsten Ecke des Fünften Kontinents, mit etwa 227.600 qkm der drittkleinste Bundesstaat, liegt Victoria. Er ist etwa so groß wie England, Schottland und Wales zusammen und hat eine Bevölkerung von 4,88 Millionen, wovon etwa drei Viertel in der Hauptstadt Melbourne leben. Das gemäßigte Klima, mit Jahreszeiten den unseren entsprechend, bietet gute Bedingungen für den Haupterwerbszweig des Landes, die Landwirtschaft, sowie für Wälder, die etwa 36% seiner Fläche bedecken. Weitere Industrien wie die Automobilproduktion und Hightech-Unternehmen stehen zusammen mit der Ölförderung unter der Gipsland-Ebene und in der Bass Strait zwischen dem Festland und Tasmanien im Vordergrund. Victoria besticht durch seine Vielfalt: Auf kleinstem Raum kann man Wüste und Hitze im äußersten Nordwesten, Berglandschaft und üppige Vegetation im Nordosten, Küsten und Seen entlang des *Princes Highway* von Melbourne bis zur Grenze nach New South Wales sowie bizzare Felsformationen Richtung South Australia erleben. Die Vogel- und Tierwelt ist – bedingt durch das gemäßigte Klima – artenreich und bunt.

Millers Landing,
Wilson Promontory
National Park

Walls of China,
Mungo National Park

Mungo National Park

Dienstag, 13. Oktober

Kommen rechtzeitig vor der Dunkelheit bei den als „Walls of China“ bekannten Sandsteinformationen an. Tolles Licht. Skurrile Gegend. Fahren schon fast im Dunkeln den 60 Kilometer langen Scenic Drive und übernachten an einer sehr staubigen Picknick area. Irgendwie komisch hier. Bin aber so kaputt, dass mir alles egal ist. Das war am Anfang unserer Reise noch völlig anders. Zelt mit Hilfe des Scheinwerferlichts in Rekordzeit aufgebaut. Stellen fest, dass unsere rechte Birne kaputt ist. Schlafen auf unseren dünnen Isomatten – und nicht besonders gut.

Mungo National Park

Murray-Kulkyne National Park

Mittwoch, 14. Oktober

Fahren bis zum Murray River und sind ziemlich gestresst. Haben den River Drive nicht gefunden und Günter würde am liebsten entlang des Flusses rauf und runter fahren. Die ersehnten Major-Mitchell-Kakadus gibt es hier auch nicht. Schlagen dann nach einigem hin und her unser Zelt auf und ich packe unsere Zarges-Box aus und wieder ein. Ebenso den Koffer und Seesack, und, und, und …

Abends mache ich dann einen leckeren Salat und genieße ihn, am Feuer sitzend, zusammen mit dem letzten Portwein aus Western Australia. Günter fotografiert am Fluss und die Ruhe ist sehr angenehm. Starre ins Feuer und sinniere über diesen permanenten Unruhestand, den unser Trip mit sich bringt. Wahrscheinlich kann ich das erst zu Hause in Deutschland, mit der entsprechenden Ruhe und Distanz, richtig bewerten.

Murray River, Hattay Kulkyne National Park

Grampians National Park

Donnerstag, 15. Oktober

Befinden uns jetzt wieder in vertrauter Umgebung und fahren gemütlich durch die eindrucksvollen Grampians Richtung Halls Gap. An den McKenzie Falls machen wir Halt. Seit unserem letzten Besuch wurde eine Brücke und Treppe zu den Fällen gebaut. Es ist einiges los mittlerweile.

Nach einer kleinen Tour fahren wir weiter nach Halls Gap und buchen uns in einem Motel mit Whirlpool-Badewanne ein. Einfach genial! Tolles Bett. Bringen unsere Ausrüstung und Buchhaltung auf Vordermann, bereiten ein opulentes Mahl und trinken unseren teuren Chardonnay aus Pemberton. Nach den kargen Tagen genießen wir den Luxus in vollen Zügen.

Koala, Mt Eccles
National Park

Mt Eccles National Park

Freitag, 16. Oktober

Im Mt Eccles NP hat sich nicht viel verändert. Zuerst dachten wir, wir würden keine Koalas sehen, aber dann haben wir doch Glück. Koala auf Augenhöhe, mitten im Baum. Nach einer Weile stört es ihn jedoch so angestarrt zu werden und er zieht sich weiter in den Baum zurück. Ingesamt ist es ziemlich kühl und es regnet immer wieder. In den nächsten Tagen steht die Organisation des Rücktransportes unserer Zarges-Box und der Verkauf unseres Autos an. Unliebsame Dinge, die man so gar nicht recht in Angriff nehmen will.

Weiterfahrt zu den Twelve Apostels, Port Campell NP

Melbourne

Samstag, 17. Oktober

Fahren nach Melbourne und machen Halt bei den Twelve Apostels auf der Great Ocean Road. Hier hat sich enorm viel verändert. Vor sechs Jahren konnte man einfach auf einen Parkplatz fahren und direkt zu den Klippen laufen. Heute muss man durch eine Unterführung zu den Apostels laufen und auf einem groß angelegten Parkplatz parken. Tja, man wird dem Touristenansturm gerecht und vermarktet immer mehr die zahlreichen Naturwunder, die Australien (noch) zu bieten hat. In Geelong bleiben wir dann mit dem Auto in einer Waschanlage stecken, die unseren Spiegel abreißt. Proteste beim Superviser bleiben erfolglos. In Melbourne leisten wir uns dann bei der Big4-Campingplatzkette eine Cabin für eine Woche. Endlich mal für mehr als eine Nacht ein Bett, eine Küche, eine Dusche und sogar ein Fernsehgerät!

Montag, 19. bis Samstag, 25. Oktober

Die ersten Tage sind anstrengend. Über die Gelben Seiten machen wir eine Toyota-Werkstatt ausfindig und vereinbaren einen Termin, um den Spiegel reparieren zu lassen. Kosten: 155 Dollar. Dann annoncieren wir das Auto auf verschiedenen Internetseiten, waschen es, kaufen einen neuen Teppich für den Innenraum und schneiden ihn zu. Danach sieht unser XEE wieder toll aus und wir stürzen uns entspannt ins Großstadtleben.

Besuchen unter anderem den Victoria Market und den neuen Constitution Tower, auf dem wir den Vollmondaufgang erleben. Leider ist es sehr bewölkt, aber die Aussicht trotzdem wunderbar. Melbourne ist immer eine Reise wert, doch nach einer Woche für uns allemal genug. Glücklicherweise bekunden unsere Freunde aus Tasmanien Interesse an unserem Auto, so dass wir es mit auf die Insel nehmen und noch bis zum Heimflug benutzen können.

Am 26. Oktober dann Abschied vom Festland, mit all seiner Vielfalt und diesen wunderbaren Erlebnissen. Haben um 22.00 Uhr auf der „Spirit of Tasmania", einer Autofähre, die täglich das Festland mit Tasmanien verbindet, eingecheckt und gehen nach einer stürmischen Überfahrt am 27. Oktober um 7.00 Uhr in Devonport von Bord.

Lichtermeer Melbourne

Am Salamanca Market,
Hobart

Wo selbst der Teufel Frieden findet

Tasmania

The Holiday Isle

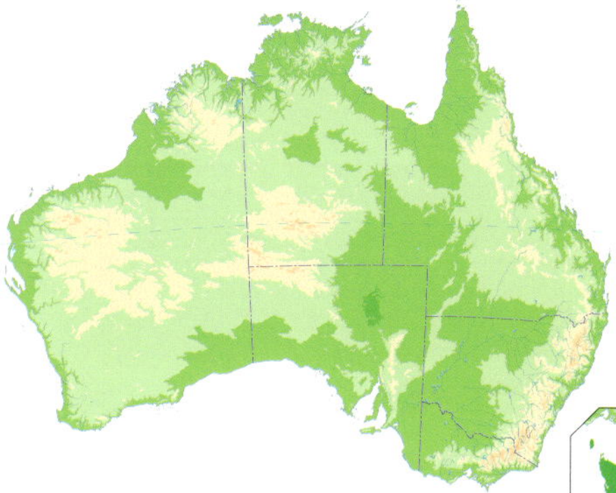

Der Bass Strait trennt die 67.800 qkm große Insel, die an Irland erinnert, von der Südküste Victorias. Fast 30% der 473.000 Bewohner leben in der Hauptstadt Hobart sowie in Devonport und Burnie im Norden, den landwirtschaftlichen Zentren. Die Tasmanier, geprägt durch ihre Isolation – zur Antarktis sind es 3000 Kilometer, zum Festland 240 und nach Neuseeland immerhin 2000 –, sind ein ganz besonderer Schlag Menschen, die sehr stolz auf ihren Inselstatus sind und durch Natürlichkeit bestechen. Ein Fünftel der tasmanischen Landmasse besteht aus gemäßigtem Regenwald, dies entspricht 1,38 Millionen Hektar, und wurde in die Liste der UNESCO als Weltnaturerbe eingetragen. Dies bedeutet, dass „Tassie", wie es liebevoll genannt wird, ein Paradies für Naturliebhaber und Hiker darstellt und viele Besucher, die einmal dagewesen sind, nicht wieder aus seinem Bann lässt.

Bruny Island

Portland Nature Reserve

5. November

Nachdem wir uns erst einmal 14 Tage von unseren Freunden Jockel und Paulene in der Claude Road haben verwöhnen lassen, gehen wir dann am 5. November auf Tasmanienrundreise. Erstes Ziel ist das Portland Nature Reserve. Am äußersten Nordosten ist es ganz schön windig. Nachts besuchen Possums oder Wallabies unseren Esky, das Schnüffeln und Kratzen ist immer wieder hörbar.

Dünenvegetation, Portland NR

Mt William National Park

6. November

Tolles Wetter. Fahren zum Mt William NP, vor allem der Wombats wegen. Haben einen tollen „Zeltplatz" für den XEE gefunden und steigen bei strahlendem Sonnenschein auf den Mt William. Trotz langer Wanderung sehen wir keinen einzigen Wombat und sind sehr enttäuscht. Ein farbenfroher Sonnenuntergang tröstet uns jedoch.

7. bis 8. November – Freycinet NP

Die Entfernungen in Tasmanien sind ja im Gegensatz zum Festland nichts, denkt man! Doch gibt es auf kleinem Raum jede Menge anzusehen, so dass man auch hier viel Zeit verbringen kann. Heute fahren wir nach Süden, über die Ansons Bay nach St. Helens und besuchen die St. Colombo Falls (90 Meter). Wie ich da so vor ihnen stehe, sehe ich plötzlich einen *scarlet robin* (Vielfarbenpetroica). Was für ein hübscher bunter Kerl! Seine Bauchfedern sind leuchtend pink. Aber da die kleinen Vögel so flink sind, sehe ich ihn leider nur für kurze Zeit. Stelle immer wieder fest, dass ich in meinen Erinnerungen nie die Landschaft alleine sehe, sondern immer in Verbindung zu einem bestimmten, dort erlebten Tier. Hier der *robin* an den Wasserfällen, in der Bracchina Gorge ein Gelbfuß-Känguruh, am türkisfarbenen Strand von Lucky Bay ein fischkopffressendes *Wallaby* mit *joey* ...

Spuren im Sand,
National Park

Pancakes essen und schlechten Kaffee trinken, bis wir schließlich in Coral Bay eine teure, aber schöne Ferienwohnung für eine Nacht finden. Den nächsten Tag verbringen wir damit, jetzt schon zum zweiten Mal bei diesigem Wetter zur Wineglass Bay zu laufen, die auch heute wieder grau und nicht azurblau aussieht, aber trotzdem sehr schön ist. Unser Ankerplatz liegt direkt an einem felsigen Strand, den wir in abenteuerlicher 4WD-Fahrt erreichen. Abends gibt's Kartoffelsuppe. Besonders lecker bei nasskaltem Sauwetter.

9. November – Hobart

Eingerahmt von Bergen wachen wir auf. Schlecht geschlafen. Überall in den hohen Farnen versteckt, hat sich lärmend das Wildlife herumgetrieben. Einem leuchtenden Sonnenaufgang entgegenfahrend sind wir heute nach Hobart unterwegs. Der Highway zieht sich immer am Meer entlang. In Hobart gehen wir auf dem Salamanca Market einkaufen.

Nacktnasenbeutler mit Jungem,
Mt William National Park

Franklin-Gordon National Park

10. November

Stehen vor dem Staudamm am Lake Gordon und werden unwillkürlich an einen der neueren James-Bond-Filme erinnert. Ich traue mich überhaupt nicht an die Treppe zur Mauer heran. Das Wetter ist wie aus dem Bilderbuch: Sonnenschein und blauer Himmel. Überhaupt muss man hier mit der Sonne noch vorsichtiger sein als im Norden. Hier ist die Luft wesentlich kühler und unglaublich sauber. Daher merkt man gar nicht gleich, welch eine Intensität sie hier hat. Erst später, wenn Nase und Ohren bereits verbrannt sind. Am Lake Pedder Lookout machen wir Rast und genießen die Natur. Bevor der Staudamm geflutet wurde, gab es diesen Teil des Lake Pedder noch gar nicht. Für die Natur eine verheerende Sintflut mit unvorstellbarer Zerstörungskraft.

Auf unserer Weiterfahrt zum Red Bluff und dem südlichen Bereich des Nationalparks machen wir Halt um den „Creepy Crawly Nature Trail" zu laufen. Von außen sieht man es diesem Wald nicht an, aber begibt man sich in ihn, merkt man erst wo man sich hier eigentlich befindet. Urwald pur! Was sehe ich wieder? Einen *pink robin*. Wir übernachten auf dem Red Bluff und haben einen 360-Grad-Ausblick, treffen den renommierten australischen Fotografen Peter Jarvis, dessen Galerie wir in Cairns besucht haben. Lese mein Buch fertig und wir essen mal wieder Günters Lieblingsgericht – Spaghetti.

Mt Field National Park

Mt Field National Park

11. November

Morgens kreisen Seeadler über Lake Pedder, und später im Mt Field NP planschen Schnabeltiere im Lake Dobson und Tyenna River. Wir laufen um den Lake Dobson und beobachten auf einem überhängenden Baumstamm diese putzigen, eierlegenden Säugetiere. Nachmittags machen wir uns zu dem vier Stunden dauernden, sehr pittoresken Wasserfall-Weg auf. Noch ist das Wetter tadellos. Zurück am Platz essen wir direkt am Fluss Risotto und machen uns, mit Taschenlampe bewaffnet, auf Possum-Suche. Ein sehr erlebnisreicher Tag. Nachts regnet es.

Cox's Bight, Southwest

12. November – Franklkin-Gorden NP

Bei Dauerregen fahren wir über den Lyell Highway nach Queenstown, wo der radikale Kahlschlag der Minengesellschaft eine schon surreale Kraterlandschaft hinterlassen hat. Verschieben unseren Besuch beim Cradle Mountain und fahren zurück zur Claude Road, um mal wieder in einem schönen Bett zu übernachten. Legen einen Zwischenstopp am Franklin River ein und machen einen faszinierenden Spaziergang. Der Regenwald ist atemberaubend.

13. bis 28. November – Kings Road, Sheffield

Auf der Gartenbank in der Sonne dösen, draußen in der Badewanne liegen, im Cafe bei Jockel und Paulene schwatzen und Paulenes köstlichen Mangosmoothie genießen, Barbecue in Lorinna, kochen und mal wieder Kuchen backen, zu viert Schafe zusammentreiben und einfach die Landschaft und das Nichtstun genießen. Einen Ausflug zum Cradle Mountain-Nationalpark machen, wandern und Wombats bestaunen. All das tun, was Tassie so lebens- und liebenswert macht. Würden am liebsten die Zeit anhalten, die hier ohnehin stillzustehen scheint.

28. November – zurück nach Deutschland

Nach fast 16 Monaten geht es zurück in die alte Heimat. Seltsames Gefühl für uns beide. Haben jede Menge Gepäck. Allein die Fotoausrüstung wiegt über 20 Kilogramm! Bekommen Winterschals von Jockel und Paulene zum Abschied. Wie passend. Stehen im Café und wissen nicht so recht, was wir sagen sollen. Jockel fährt uns zum Flughafen. Bedrückte Abschiedsstimmung – dann wortkarg auf Reisestimmung umschalten und diesem tollen Jahr „ade" sagen.

Nachwort

Ein großartiges, unglaublich schönes und erlebnisreiches Jahr. Mit Erfahrungen, entspannten wie anstrengenden, die uns unsere Grenzen aufgezeigt haben, und die wir gerade deshalb keinesfalls missen möchten. Sie geben Kraft für die wiederkehrende Routine der täglichen Abläufe . Wir entwickelten eine nuancenreichere Vorstellung unserer Grundwerte und haben deutlich festgestellt, dass die Globalisierung nicht nur eine technisch-wirtschaftliche Dimension hat, sondern auch im zwischenmenschlich-kulturellen Bereich zunehmend Spuren hinterlässt, die bis in die hintersten Ecken des Outbacks reichen. Natürlich werden wir in unserem deutschen Alltag die überwältigende Natur mit ihrer außergewöhnlichen Tier- und Pflanzenwelt und das ungezwungene Aussie-Leben vermissen, aber wir haben in diesem Jahr unseren Blick für das Wesentliche geschult und gelernt, dass viele Dinge erst durch Entbehrung einen neuen Glanz bekommen.

So träumen wir weiter davon, in einer späteren Lebensphase erneut vom Lauf des Mondes geleitet zu werden, um dann wieder die weiteren Winkel anzupeilen und die menschlichen Begrenztheiten – und sei es nur für eine Weile –, abzustreifen.

Schöne Tage – nicht weinen, dass sie vergangen, sondern lächeln, dass sie gewesen

Rabindramath Tagore

Autoren

Andrea Reindl, geb. 5. Mai 1970, Betriebswirtin; liebt alle Gärten der Welt, besonders den heimischen.

Günter Reindl, geb. 26. März 1956, Kaufmann; leidenschaftlicher Fotograf und Kanute. Überwiegend benutztes Filmmaterial: Fujichrome Velvia, Sensia und Provia. Kameraausrüstung: Canon EOS 3, Objektive Brennweitenbereich 20–300mm (+1,4fach Konverter), Leica R8, 28–200 mm.

Dank …

Da eine zwölfmonatige Reise zwangsläufig eine lange Berufsabwesenheit zur Folge hat, möchten wir uns zunächst bei der Robert Bosch GmbH in Karlsruhe bedanken, die die Tür zur Rückkehr offengehalten hat. Besonders hervorheben möchten wir auch Uwe Gözinger, für die großzügige Unterstützung bei der Entwicklung der unzähligen, ihm anvertrauten Filmpakete, sowie Kathrin Nagel für ihre aktive Mithilfe bei der Nachbearbeitung. Unser besonderer Dank gilt außerdem Isabel Jägle für ihre tatkräftige Ermutigung zu diesem Projekt und die kreative Unterstützung in zahlreichen Arbeitsstunden. Zu guter Letzt bedanken wir uns recht herzlich bei Carsten Blind und Helmut Herman für die Vollendung unseres Traumes.

Kleines Australienlexikon und Abkürzungen

Acre	ca. 30 Ar
Aussie	umgangssprachlich für „Australier“
Billabong	Wasserloch
Cabin	Wohnwagen-Apartment
CP	Campground – Campingplatz
Esky	australisches Kühltaschenmodell
Freshie	Süßwasserkrokodil
Having a ball	australisch umgangssprachlich für „Spaß haben“
Hwy	Highway – Fernstraße
Inlet	ins Land reichende Bucht
Jackaroo	australischer Viehtreiber
Limestone	Sandstein
Kingfisher	Eisvogel
Mozzies	Moskitos, Schnaken
NP	National Park
NR	Nature Reserve
NSW	New South Wales
NT	Northern Territory
Outback	wüstenhaftes Hinterland
Plunger	Kaffeekanne mit Sieb
QLD	Queensland
Quinkan Art	Felsmalerei der Aborigines bei Laura, QLD
RH	Roadhouse – Raststätte
Rivergum	Fluss-Eukalyptus
Roadtrain	bis zu 48 Meter langer Lkw
SA	South Australia
Saltie	Salzwasserkrokodil
Sandflies	Sandfliegen
TAS	Tasmania
Tassie	umgangssprachl. für Tasmanien
VIC	Victoria
WA	Western Australia
Wombat	Nacktnasenbeutler